G–1278. p.
A.

REPONSE

AUX

OBSERVATIONS

SUR LA

CHRONOLOGIE

DE

M. NEVVTON.

AVEC

UNE LETTRE

DE M ..... *(l'abbé Conti)*.

Au sujet de ladite Réponse.

A PARIS,

Chez NOEL PISSOT, Quai des Augustins, vis-à-vis la Descente du Pont-Neuf, à la Croix d'or.

M. DCC. XXVI,

AVEC APPROBATION.

REPONSE

AUX

OBSERVATIONS

SUR LA

CHRONOLOGIE

DE

M. NEWTON.

E 11. Novembre 1725. on me remit entre les mains, comme un préſent de la part de Mr. Guillaume Cavelier, fils, Libraire à Paris, qui ne m'eſt point connu, un petit Imprimé intitulé, *Abregé de Chronologie de Mr. le Chevalier Newton fait par lui-même, & traduit*

fur le *Manufcript Anglois*. A la tête de
ce Traité on voit un avertiſſement du
Libraire, par lequel il tâche de s'excuſer
fur ce qu'il l'imprime fans mon conſentement, alleguant qu'il m'avoit écrit trois
Lettres differentes pour en obtenir la per-
miſſion, dans la troiſiéme deſquelles il
me marquoit qu'il prendroit mon ſilence
pour un conſentement ; il ajoute qu'il a-
voit encore chargé un de ſes amis, qui
eſt à Londres, de me parler, & de tirer
de moi une réponſe préciſe ; qu'après
avoir attendu long-tems ce que produi-
roit cette nouvelle démarche, il a crû qu'il
lui étoit permis de prendre mon ſilence
pour un eſpece de conſentement. Que
fur ce fondement, il avoit pris un Privilege, & avoit imprimé mon Manuſcript,
après quoi il avoit reçû de moi par ſon
ami la réponſe ſuivante.

*JE me reſſouviens d'avoir écrit un
Index chronololologique pour un ami
particulier, à condition qu'il ne ſeroit
pas communiqué. Comme je n'ai pas vû
le Manuſcript que vous avez ſous mon
nom, je ne ſçai ſi c'eſt celui-là même. Ce que j'avois écrit, n'avoit pas
été fait à deſſein de le publier ; mon in-
tention n'eſt point de me mêler de celui-*

qui vous a été donné sous mon nom, ni de donner aucun consentement pour le dublier. Je suis votre très-humble Serviteur,

Isaac Newton.

A Londres ce 27. May 1725.
vieux style.

Le Privilege est accordé le 21. May vieux Style, registré le 25. la date de ma Lettre est du 27. & l'*Index* Chronologique ou Abregé, comme il l'appelle, est imprimé avant l'arrivée de ma Lettre, & mis en reserve pour être publié en temps convenable. Le Libraire sçavoit que je n'avois pas vû la Traduction de l'Abregé, & qu'à moins de l'avoir vûë, je ne pouvois pas donner mon consentement à l'impression. Il sçavoit que le Traducteur m'étoit inconnu, & qu'il étoit dans des sentimens opposez aux miens, & par consequent il sçavoit qu'il n'étoit pas convenable à moi de donner mon consentement, ni à lui de le demander ; il sçavoit que le Traducteur avoit écrit une réfutation des papiers qu'il avoit traduits, & que cette réfutation, sous le titre d'Observations, devoit être imprimée à la fin de sa traduction ; cependant il ne m'informe ni de ces circonstances, ni du nom de l'Observateur, & ne laisse pas de me demander mon confentement pour l'impreſſion ; comme ſi un homme pouvoit être aſſez dépourvû de ſens, pour conſentir à l'impreſſion d'une traduction qu'il n'a point vûë, & dont il ignore l'Auteur, & ne pas trouver mauvais qu'elle commence à paroître en public avec une refutation de ſon propre ouvrage ſans la ſuite d'une réponſe.

Après avoir rapporté ma Lettre, il ajoute que l'Auteur de la Traduction & des Obſervations prétend avoir une entiere certitude que cet *Index* ou Abregé Chronologique eſt celui-là même qui eſt avoüé par moi dans ma Lettre ci-deſſus, & qu'il eſt très-perſuadé que le Manuſcript qui lui a été communiqué a été copié ſur celui de l'ami pour qui il a été écrit, c'eſt-à-dire de cet ami particulier dont je fais mention dans ma Lettre ; cela poſé, il s'enſuit que le Manuſcript qui lui a été communiqué eſt celui de l'Abbé Conti, noble Venitien, reſidant préſentement à Paris.

L'Abbé Conti étoit en Angleterre, il y a environ ſept ans ; il m'avertit un jour que l'ami mentionné ci-deſſus ſouhaitoit de me parler, j'allai le trouver, il me demanda une Copie de ce que j'avois écrit ſur la Chronologie, je répondis

que ce que j'avois sur cette matiere étoit
confus & imparfait ; mais que dans peu de
jours je pourrois lui en presenter un
Extrait qui auroit quelque forme, à condition que la chose demeureroit secrete ;
mon offre fut acceptée, & je satisfis à ma
promesse ; peu de temps après l'ami en
faveur de qui l'extrait avoit été fait,
souhaita que l'Abbé Conti en pût avoir
une Copie, à quoi je consentis. Il étoit
le seul qui en eût tiré copie ; il sçavoit
que ce Manuscript devoit être secret, &
que c'étoit seulement à la consideration
de l'ami qui me l'avoit demandé, que je
lui avois accordé la permission de le
transcrire ; il me garde donc le secret
pendant qu'il est en Angleterre ; mais lorsqu'il en est dehors, il en disperse des
Copies en France ; il trouve un Antiquaire pour le traduire en François &
pour le refuter ; de son côté l'Antiquaire
trouve un Imprimeur qui imprime la traduction & la refutation, & l'Imprimeur
tâche d'obtenir de moi la permission d'imprimer la traduction sans m'en envoyer
copie pour être par moi confrontée avec
l'Original, sans m'apprendre le nom du
Traducteur, & sans me faire sçavoir que
son dessein étoit de le faire imprimer in-
dependament d'une Réponse.

A iiij

Le Traducteur vers la fin de ses Obfervations (*pag. 90.*) dit ; *je crois en avoir dit affez au fujet de l'Epoque des Argonautes & de l'Evaluation des générations, pour qu'on fe tienne en garde contre le refte : Car ce font-là les deux fondemens de tout ce nouveau Sifteme Chronologique.* Ce qu'il dit au fujet de l'Epoque des Argonautes, eft fondé fur ce qu'il s'imagine que je place l'Equinoxe du Printemps, tel qu'il étoit au temps de l'Expédition des Argonautes, à la diftance de 15. degrez de la premiere Etoile du Belier (*pag. 75. 79.*) Mais je ne le place point où il dit ; je le place dans le milieu de la Conftellation, & ce milieu n'eft pas éloigné de 15. degrez de la premiere Etoile du Belier. L'Obferva- teur avouë que les Conftellations ont été formées par *Chiron* (*pag. 70. 71. 79.*) & que les Solftices & les Equinoxes é- toient alors dans le milieu des Conftel- lations, & qu'Eudoxe, dans fon Enop- tron ou Miroir cité par Hipparque, fui- voit cette opinion, (*pag. 62. 63. 65. 69. 79.*) & Hipparque nomme les E- toiles par où paffoient les Colures dans cette ancienne Sphere felon Eudoxe ; en confequence de quoi il place le Colure de l'Equinoxe environ à 7. *d.* 36. *m.* de la premiere Etoile du Belier ; je fui Hipparque & Eudoxe ; mais l'Obfervateur reprefente que je place le Colure à la diftance de quinze degrez de la premiere Etoile du Belier, d'où il conclut que je devois avoir placé l'Expedition des Argonautes à un temps plus reculé de 532. ans que le temps où je la marque. S'il prend la peine de rectifier fa méprife, il trouvera que l'Expedition des Argonautes s'eft faite au temps où je l'ai fixée.

A l'égard des générations, il dit que je les eftime l'une portant l'autre fur le pied de 18. ou 20. années chacune. (*pag.* 52. 55.) ce qui eft une autre méprife. Je m'accorde avec les Anciens à compter trois générations pour environ cent ans ; mais je n'égale pas les Regnes des Rois aux générations, comme l'ont fait les anciens Grecs & Egyptiens ; j'évaluë le Regne des Rois à 18. ou 20, ans l'un portant l'autre, à prendre dix ou douze Rois fucceffifs ; ainfi, les 24. premiers Rois de France (Pharamond, &c. ont regné 458. ans, ce qui fait l'un portant l'autre 19. ans chacun ; les 24. Rois fuivans (Louis le Begue , &c.) ont regné 451. an, ce qui revient l'un portant l'autre à 18. ans trois quarts ; les 15. Rois fuivans (Philippe de Valois , &c.) ont regné 315. ans, ce qui fait l'un portant l'autre 21. an; & les Regnes de ces 63. Rois pris ensemble font un intervalle de 1224. ans, ce qui fait pour chacun 19. ans & demi; à quoi si l'on ajoute le long Regne de Louis Quatorze, les 64. Rois de France n'auront regné, l'un portant l'autre, que 20. ans chacun. Ceux qui se donneront la peine d'examiner cette matiere, trouveront que c'est la même chose pour les autres Royaumes. Sur ce principe, j'accourcis la durée des anciens Royaumes de la Grece dans la même proportion que j'accourcis les Regnes de leurs Rois ; par-là, je fais que l'Expedition des Argonautes soit posterieure à la mort de Salomon d'un intervalle d'environ 44. ans, que la prise de Troye y soit posterieure d'un intervalle d'environ 76. ans, & que Sesostris soit contemporain de Sesac.

Il paroît donc que l'Observateur a mal pris mon sens dans les deux points principaux qu'il dit être le fondement de mon Sisteme, qu'il a entrepris de traduire & de refuter un Ecrit qu'il n'entendoit pas, & qu'il s'est empressé de le faire imprimer sans mon consentement, quoiqu'il ait crû qu'il n'étoit bon à rien qu'à lui gagner un peu de réputation en le traduifant, afin de le refuter ; c'eft-à-dire , afin de refuter fa propre traduction.

L'Obfervateur dit que je fuppofe que vers l'an 900. avant l'Ere Chrétienne , les Egyptiens avoient commencé à former leur Religion, & qu'ils avoient déifié les hommes qui, ayant vêcu parmi eux, a-voient été reconnus pour les Inventeurs des Arts, quoiqu'il paroiffe par les Li-vres de Moyfe que leur Idolatrie & leurs Arts étoient de la même ancienneté que les jours de Moyfe & de Jacob ; (*pag*. 82. 83.) mais il fe trompe en-core ; je ne nie pas que le Royaume de la baffe Egypte , appellé Mizraim, n'eut eu une Religion en propre , jufqu'à ce qu'il eût été envahi & fubjugué par les Pafteurs qui étoient d'une autre Reli-gion ; mais je dis que quand les The-bains eurent chaffé les Pafteurs , ils éta-blirent le Culte de leurs Rois , & de leurs Princes ; je dis auffi que les Arts avoient été apportez en Europe , prin-cipalement par les Pheniciens & les Curetes , du temps de Cadmus & de David , environ 1041. ans avant Je-fus-Chrift, & ne nie pas qu'ils n'euf-fent été établis dans la Phenicie , l'E-gypte & l'Idumée, avant que d'être ap-portez en Europe.

L'Obfervateur dit auffi que , pour l'année 884. avant Jefus - Chrift , je place le commencement du Cycle caniculaire des Egyptiens au jour de l'Equinoxe du Printemps , quoique ce Cycle Egyptien ne commence pas au Printemps. Il continuë à fe méprendre ; je ne touche point à ce Cycle , mais je parle de l'année Egyptienne de 365. jours.

L'Obfervateur infinuë qu'il doit paroître de moi un grand Ouvrage fur cette matiere ; mais je n'ai jamais rien dit dont on le dût inferer ; car quoique pendant mon féjour à Cambridge je me fois quelquefois occupé agréablement de l'Hiftoire , & de la Chronologie , lorfque j'étois las de mes autres études ; cependant je n'ai jamais déclaré que j'euffe deffein de rien publier fur ce fujet.

L'Abbé Conti vint en Angleterre dans le Printemps de l'année 1715. il vouloit que je cruffe qu'il étoit de mes amis ; mais il fecondoit Mr. Leibnitz dans le deffein qu'il avoit de m'engager dans de nouvelles difputes ; il a perfeveré dans les mêmes difpofitions depuis qu'il eft en France ; la conduite qu'il a tenuë ici , fe peut connôître en partie par le Caractere qui lui est donné dans les Actes de Leipsic pour l'année 1721. (*pag. 90.*) où l'Editeur après avoir témoigné sa repugnance à renouveller l'idée de certaines disputes dont il avoit été fait mention par le passé, ajoûte, *Suffeceris itaque annotasse Abbatem quendam Italum de Conti, nobilem Venetum, (de quo admiratione digna sibi præscripta esse ab Hermanno fatetur Leibnitius,) cum ex Gallia in Angliam trajecisset, Mediatoris vices in se suscipere voluisse, atque Litteras Newtoni ad Leibnitium deferri curasse, Leibnitianas cum Newtono communicasse.* Mais on peut voir dans la Préface de la seconde Edition du *Commercium Epistolicum,* comment, à l'aide de cette Mediation de l'Abbé Conti, Mr. Leibnitz avoit tâché de m'engager, contre mon gré, dans de nouvelles disputes sur les Qualitez occultes, la Gravité universelle, le *Sensorium* de Dieu, l'Espace, le Temps, le Vuide, les Atomes, la Perfection de l'Univers, l'Intelligence supramondaine, & sur des Problemes de Mathematique. A l'égard des ressorts qu'il a fait agir en Italie, on en peut sçavoir quelque chose par les disputes qu'un

de ſes amis y a fait naître au ſujet de
pluſieurs de mes Experiences d'Optique, qu'il s'obſtine à recuſer, quoiqu'elle
ayent été toutes repetées en France a-
vec Succès ; mais j'eſpere qu'à l'aveni-
on ne m'inquietera plus de choſes de
cette nature, non plus que du Mouve-
ment Perpetuel.

F I N.

LETTRE

De M. au sujet d'un petit Ecrit intitulé : *Réponse aux Observations sur la Chronologie de Mr. Nevvton.*

ON vient de me communiquer la Réponse aux Observations sur la Chronologie de Mr. Newton, dans laquelle il est fait mention de moi ; je répondrai seulement aux articles qui me regardent.

Mr. Newton se méprend, lorsqu'il avance que *j'étois le seul qui eût tiré copie de son* Index, *ou abregé Chronologique.* Il ignore apparemment que Mr Coste quelque tems avant moi en avoit fait une pour une Dame de qualité. C'est un fait que Mr. Coste n'aura pas oublié.

Quand je partis de Londres il y avoit déjà quatre Copies du Manuscrit de Mr. Newton ; celle de l'ami dont il parle,

une de Mr. Coſte , la mienne, & aut
autre faite en faveur d'un jeune homn
qui devoit partir pour les pays étrange
où il eſt mort ; à ces quatre Copies
pourrois en ajoûter une cinquième :
n'eſt guere vrai-ſemblable que Mr. Coſ
n'en ait point gardé ; mais je m'arrê
ſimplement à ce qui m'eſt connu.

Mr. Newton prétend encore que
Manuſcrit devoit être ſecret. Entend-
par-là que voulant débroüiller les raiſor
des Epoques , il ne m'étoit pas perm
de lui faire des objections ? En ce ca
là, de quelle utilité m'auroit été le M
nuſcrit ?

Je ſçavois qu'il étoit inutile de cor
ſulter Mr. Newton ; car avant mon d
part de Londres, il m'avoit averti qu'
n'écriroit à perſonne ſur les Controverſ
Litteraires pour ne pas perdre ſon tem
Je priai donc Mr. Coſte de tirer de M
Newton la raiſon de l'*identité* de *Seſoſtr*
& *d'Oſiris.* Un des grands fondemer
de l'Abregé Chronologique.. Mr Coſte n
me fit point de réponſe, ce qui excit
encore plus ma curioſité.

Je cherchai des lumieres Chronolo
giques par tout. Le R. P. Souciet Je
ſuite , qui eſt très-ſçavant dans l'ancienn
Chronologie, m'ayant propoſé certaine
difficulté

ficultés sur l'Epoque de Chiron, &
sur celle de Rome ; je les envoyai à
Mr Newton par les conseils d'un Sei-
gneur Anglois, qui étoit pour lors à Paris.

On n'avoit pas dessein d'imprimer ces
Objections, & on n'en a pas parlé pendant quatre ans. Il a plû au Traducteur
du Manuscrit de réveiller la dispute ; mais
Mr. Newton l'auroit peut-être étouffée dès
son origine, s'il eût daigné communiquer par écrit la réponse qu'il vient d'imprimer, & que je lui demandois par Mr.
Taylor.

Autre plainte de Mr. Newton : Il dit
que j'ai *gardé le secret du Manuscrit
pendant mon séjour en Angleterre ; mais
que j'en ai dispersé des Copies en France.*

Il est vrai ; je communiqué le Manuscrit
de Mr. Newton dans la suposition, qu'un
Manuscrit, dont on avoit déja tiré plusieurs
Copies en Angleterre, deviendroit bien-
tôt public en France ; Est-ce-là un crime
digne de quatre années de plaintes, &
d'un reproche public ? Tout autre que
Mr. Newton auroit été charmé de l'idée
que je m'étois formée du mérite de son
Ouvrage ; & de l'impatience que j'a-
vois de le faire connoître aussi éclairé
dans l'Histoire & dans la Critique, que
profond dans les Mathematiques & dans

la Philosophie. Cependant je veux bien avoir tort.

Ne serois-je pas en droit de faire le même reproche à Mr. Newton, qui à mon insçû fit imprimer à la fin du Livre de Rapson la Lettre de Mr. Leïbniz que je lui avois communiquée? Je fus fort étonné de la trouver imprimée à mon retour d'Hanover. Cependant je n'en fis pas une querelle à Mr. Newton, quoique plusieurs personnes m'y excitassent.

Mr. Newton dit que *j'ai trouvé un Antiquaire pour traduire son Manuscrit & pour le refuter*: c'est une accusation hazardée & sans aucun fondement. Tous ceux qui me connoissent, le Traducteur même, en conviendront.

Mr. Newton dit *qu'étant en Angleterre je voulois qu'il crût, que j'étois de ses amis.* Pouvois-je lui donner de plus grandes preuves de mon estime & de ma consideration, que de parler de lui, comme je fis à tous les Ministres & Seigneurs Allemans qui étoient à Londres, & qui s'interessoient pour Mr. Leïbnitz? Que ne m'a pas dit Mr. le Comte de Bothmer, lorsqu'il me donna la Lettre que Mr. des Maizeaux a fait imprimer dans son Recueil de diverses Pieces sur la Philosophie, les Mathematiques, &c.

Je ne changeai point de langage en France ; je citerai pour mes guarans , non seulement Mrs l'Abbé Fraguier, Fontenelle, Saurin, Nicolle, Terrasson, à qui j'ai parlé souvent avec éloge , & même avec chaleur des systemes Phisiques & Mathematiques de Mr. Newton ; mais je citerai encore Mr. le Duc de Villeroy , Mr le Duc de la Rochefoucault , Mr. le Duc de Sully , Mr le Marquis de Liancourt , & tant d'autres Seigneurs qui sont témoins de l'estime que j'ai toujours eu pour ce sçavant homme. Mr. le Comte de Caylus sçait que pour défendre le systeme , non pas de la pesanteur universelle, mais de la pesanteur des Planettes , j'ai osé disputer avec S. E. le Cardinal de Polignac , chez Mr. Gaugé qui venoit de faire les expériences sur les couleurs ; je me flate que Mylord & Mylady de Boulimbroke voudront bien confirmer la verité de ces sentimens , dont ils ont été très-souvent les témoins.

Si après toutes ces preuves je ne puis démontrer geométriquement à Mr. Newton que je suis son ami , j'en suis fâché ; mais quand même j'en pourrois faire une démonstration geométrique , elle n'effaceroit jamais les impressions de soupçon & de défiance qui lui sont inspirées par des

gens qui fans aucune raifon l'excitent contre moi.

Mr. Newton adopte le paffage des
Actes de Leïpfic, où l'on me fait médiateur entre lui & Mr. Leïbnitz: qu'il me
foit permis à mon tour de dire comme la
chofe s'eft paffée; le public en jugera.

Mr. Leïbnitz m'écrivit à Londres la
Lettre qui eft dans le Recueil de Mr.
des Maizeaux; comme il ne me deman-
doit pas le fecret, & que la Lettre conte-
noit dans le fonds à peu près la même
chofe qu'on avoit publiée dans quelques
imprimés d'Allemagne & dans d'autres
Lettres particulieres, je n'en fis pas un
myftere à Mr. Newton.

Il fut fâché de la réfiftance de Mr. Leïbnitz, & trois ou quatre jours après il me
pria d'engager les Miniftres des Princes
Etrangers, & quelques Barons Allemans
d'aller à la Societé Royale, où l'on devoit collationner les Lettres de Mr. Leïbnitz, avec d'autres papiers que l'on con-
fervoit dans les Archives de la même Societé.

Mr. Newton difoit que pour toutes preuves contre Mr. Leïbnitz, il lui fuffifoit
qu'on reconnût que les Lettres écrites à
Mr. Sloanne, à Mr. Chamberlayne, & à
moi étoient de la même écriture que les

papiers des Archives. Toute la Lettre que Mr. Newton m'écrivit ensuite, est fondée sur ce principe, qui est celui des Remarques du *Commercium Epistolicum*. En effet, si ces Remarques sont des Démonstrations, comme on le prétend, il suffit à Mr Newton d'avoir prouvé que les Lettres du *Commercium*, ont été écrites par Mr. Leibnitz.

On collationna donc les papiers en présence de plusieurs Ministres Etrangers & de plusieurs Barons Allemans. Il y avoit parmi eux le Comte de Kielmansegger, qui devant toute l'Assemblée, dit à Mr. Newton que pour finir la dispute, il auroit été plus utile qu'il eût mis lui-même ses raisons par écrit, au lieu de s'amuser à confronter des papiers dont la collation étoit trop superficielle, trop précipitée, & sans juges competans.

Mr. de Kielmansegger en parla à Sa Majesté Britannique qui approuva ce projet; je le communiquai à Mr. Newton, & je lui représentai la necessité d'écrire pour justifier sa cause; mais je lui parlai en ami, & non pas comme un Ministre qui est chargé des ordres de sa Cour. Ainsi rien n'obligeoit Mr. Newton d'entrer dans la dispute; cependant il m'écrivit une Lettre que je ne lui avois pas de-

mandé. Comment prouvera-t-il le contraire ?

Voilà l'histoire fidéle de ce que Mr
Newton a fait imprimer plusieurs fois e
suprimant la veritable circonstance d'ur
fait, où l'on voit que personne ne l'a forcé à se mêler de la querelle. Je communiquai par écrit cette Anecdote à Mr
Taylor lorsqu'il étoit à Paris, & j'en fi
part à Mr. des Maizeaux lorsqu'il m'en
voya son Recueil; mais je n'avois gard
de le publier, pour ne pas donner occa-
sion aux ennemis de Mr. Newton d
tirer des consequences à son desavantage

Quoique Mr. Leïbniz dise dans s
Lettre, que je lui envoye le Cartel de
défi, Mr. Newton veut croire que Mr
Leïbnitz m'avoit choisi pour médiateur
Je veux bien accepter la médiation, ell
me fait honneur ; mais ne dépendoit-i
pas de Mr Newton de la refuser ? Il la
refusa si peu, qu'il se plaignit plus d'une
fois que Mr. Leïbnitz eût adressé sa Lettr
à Mr. Remond à Paris, & non pas à moi
directement à Londres.

Après la mort de Mr. Leïbnitz, Mr.
Newton fit plusieurs remarques sur sa
premiere réponse, & il étala avec beaucoup de chaleur l'histoire du progrès de
sa nouvelle découverte. Il ne se plaignit

pour lors ouïtïement de moi, au contraire,
c'eft dans ce rems-là (c'eft-à-dire après
mon retour d'Hanover) qu'il me donna
des marques de fa plus tendre amitié.

Cependant les Mathematiciens Allemans continuoient à multiplier les écrits
contre lui & les Mathematiciens de France ne fe déclaroient pas en fa faveur,
comme il auroit fouhaité. Il fe repentit
donc d'avoir écrit une Lettre qui n'avoit
fervi qu'à déceler ce qu'il avoit caché au
commencement avec tant de foin ; car on
voyoit par le ftile de fes Lettres, qu'il
étoit l'Auteur des Remarques du *Commercium Epiftolicum*, & on ne doutoit
plus que tout ce qu'on avoit dit & fait
contre Mr Leïbnitz, ne fût par fes con-
feils, ou fes follicitations, ce que Mr.
Leïbnitz avoit foupçonné. *Mr. Newton,*
dit Mr. Leïbnitz, *a fait publier * un
arrêt par un Livre imprimé exprès pour
me décréditer, & l'a envoyé en Allemagne, en France, & en Italie, comme
au nom de la Societé.*

Mr. Newton voulant donc faire acroire
qu'il avoit été forcé à juftifier fa caufe,
n'eut recours qu'à des plaintes, & comme
elles n'avoient pas d'objets réels, il en

* *Pref. de Mr. des Maizeaux, page 11.*

fut chercher un dans ces Problèmes de Métaphysique & de Mathematique, dans lesquels il prétend qu'on *vouloit l'engager contre son gré à l'aide de ma médiation.* Il fit imprimer ses plaintes dans la seconde Edition du *Commercium Epistolicum.* Je ne dis mot. Il les renouvelle presentement dans un écrit, où il ne s'agit que de l'impression de sa Chronologie: N'est-ce pas-là abuser de mon silence, comme si je n'osois parler, faute de preuves ?

Pour les Problémes de Mathematique, Mr. Leïbnitz dit dans sa Lettre : *Je n'ai garde d'en proposer à Mr. Newton ; car je ne voudrois pas m'y engager moi-même, quand on m'en proposeroit. Nous pouvons nous en dispenser à l'âge où nous sommes ; mais nous avons des amis qui peuvent suppléer à notre défaut.*

Voila un congé dans les formes ; cependant Mr. Newton voulut résoudre le Probléme proposé par Mr. Leibnitz, & il en fit inserer sans nom d'Auteur la solution dans les transactions Philosophiques ; il l'avoit déja résolu *synthetiquement* dans un cas particulier, & j'en dois avoir la solution écrite de sa main.

Pour les questions Métaphysiques, s'il eût voulu les éviter, se seroit-il avisé dans sa Lettre d'attaquer Mr Leïbnitz, jusqu'à

lui

lui dire, *qu'il détournoit la significa-*
tion des mots, de leurs usages ordinaires,
que l'harmonie prétablie est un veritable
miracle, &c.

Il n'en falloit pas tant pour obliger Mr.
Leïbnitz à justifier sa Philosophie, ce qu'il
fait cependant en peu de mots ; & après
avoir dit, *qu'il avoit donné publique-*
ment quelques-uns de ses principes, sans
attaquer ceux de Mr. Newton.

Quand Mr. Leïbnitz m'écrivit à Londres, il disputoit avec le Docteur Clarke,
sur les Atomes, sur le Vuide, sur l'Attra-
ction, sur l'Intelligence *supramondaine,*
&c. Il en abregea les principales idées
dans sa Lettre ; il ne me dit pas de proposer à Mr. Newton d'éclaircir certains
principes Métaphysiques que ses Secta-
teurs expliquoient trop mal , ou poussoient
trop loin ; mais il m'invite de porter
cet habile homme à nous *donner jusqu'à*
ses conjectures en Physique. Pourquoi Mr.
Newton veut-il confondre ces deux
choses pour me faire une querelle ?

Je n'ai écrit que deux fois à Mr. Leïbnitz ; * car mes amis me conseillerent de
ne pas répondre à la seconde Lettre, où
il paroissoit fâché contre moi de ce que

* *Réponse de Mr. l'Abbé Conty à Mr. Leïbnitz.* p. 12.

j'ai voulu être neutre dans la dispute, *
& ne dire qu'historiquement ce que j'avois vû & lû sur ce sujet.

Puisque donc Mr. Leïbnitz ne m'a jamais parlé dans ses Lettres de proposer des questions Métaphysiques à Mr. Newton ; il faut que Mr. Newton démontre ou que Mr. Leïbnitz m'a écrit d'autres Lettres, que celles qui ont été publiées ; ou qu'il avoüe que ses disputes ne sont pas moins imaginaires, que celles qu'il met toutes sur mon compte. Les voici.

A l'égard des ressorts, dit-il, qu'il a fait agir en Italie, on en peut sçavoir quelque chose par les disputes qu'un de ses amis a fait naître au sujet de mes experiences d'Optique, qu'il s'obstine à refuser, quoiqu'elles ayent été répetées en France avec succès.

Ceux qui recusent les experiences d'Optique de Mr. Newton, sont Mr. le Comte Ricatti que je ne connois point, & Mr. Ricetti, auquel je n'ai jamais écrit : Je n'ai aucun commerce de Lettres avec les Sçavans d'Italie ; mais je ne desespere pas que Mr. Newton ne mette incessamment sur mon compte ce que Mr. Micheloti a publié contre quelques-uns de ses Pro-

* *Recueil de Mr. dés Maizeaux. Tome 2.*

blémes fur l'Eau , & la longue Differta-
tion d'un Anonime fur fa Phyfique cé-
lefte.

Il eft étonnant que Mr. Newton qui ne
veut raifonner en Philofophie que dépen-
damment des faits , s'écarte de cette mé-
thode dans le jugement des actions hu-
maines ; * s'il perfifte dans fes accufa-
tions, *n'eft-il pas obligé*, felon fon propre
principe, *de les prouver*, * *à peine de
paffer pour coupable de calomnie?* Or
comment prouvera-t-il mes refforts de
Venife, mon Antiquaire de Paris, mon
amitié mafquée , ma médiation clandefti-
ne, & les autres chimeres dont il lui a plû
d'embelir l'idée qu'il s'eft formée de moi,
comme d'une Courbe Géometrique?

Pour ce qui regarde mon caractere, je
fuis fâché que fes défiances les lui faffent
méconnoître ; je ne m'applique à l'étude
ni pour faire fortune , ni pour acquerir un
grand nom , j'étudie comme je voyage,
c'eft-à-dire, pour mon plaifir.

Je ne lui ai pas demandé d'être agregé
à la Société Royale ; c'eft lui-même qui
me l'a offert, en récompenfe, peut-être,
de ma médiation prétenduë ; j'y ai con-
fenti : mes infirmitez ne me permettent

* *Lettre de Mr. Newton. pag.* 14.
* *Recueil de Mr. des Maizeaux. Tom.* 2.

pas de m'appliquer autant que je fouhai-
terois à la Philofophie experimentale &
aux Mathematiques, & je dois tout ce
que j'en fçai à Mr. Herman, ci-devant
Profeffeur de Mathematique dans l'Uni-
verfité de Padoue. J'aime beaucoup ces
fortes d'études ; mais elles ne m'in-
quiettent guere, & dans le fond je n'en
eftime pas plus l'objet que le quadrille,
ou la chaffe ; tout cela revient au même
quand on l'examine fans paffion ; & d'ail-
leurs je fuis perfuadé que fi on excepte
quinze ou vingt problémes utiles aux
Arts & aux ufages de la Societé ; tout le
refte fera peut-être méprifé un jour comme
certaines queftions Scholaftiques, ou les
queftions du Vuide, des Atomes, du
Teins, de la perfection de l'Univers, &c.
que Mr. Newton méprife. Je veux
croire qu'il n'a aucune part dans les
Lettres que le Docteur Clark a échangé
avec Mr. Leïbnitz, & qu'il eft très-éloigné
d'admettre les confequences que le Docteur Whifton, & Mr. Cheyne ont tirées
du Corollaire mis à la fin du Livre des
principes Mathematiques de la Philofophie naturelle, & de quelques propofitions répanduës çà & là dans les qué-
ftions inferées à la fin du Livre des couleurs ; mais par malheur ces propofitions

ont été ſi fecondes en ſyſtemes, qu'
elles ont fourni matiere à ces Livres, où
Mr. Newton eſt reconnu comme le chef
d'une nouvelle Métaphyſique, qui ne paroît pas avoir eu grand cours.

FIN.

LIGUE DE LA LIBERTÉ D'ENSEIGNEMENT

DISCOURS

prononcé à Orléans
le 21 Septembre 1902

PAR

M. GEORGES PICOT

PARIS

AU SIÈGE DE LA LIGUE DE LA LIBERTÉ D'ENSEIGNEMENT

53, RUE DE BABYLONE, 53

—

1902

Une réunion c i. convoquée à Orléans pour protester contre les fermetures d'écoles libres. M. Georges Picot, un des fondateurs de la Ligue de la Liberté d'Enseignement, a été invité par M. le Comte Baguenault de Puchesse, président du Comité des Écoles libres, par M. Pigelet, président du Comité républicain libéral du Loiret, et par un certain nombre d'habitants d'Orléans, à venir exposer le programme de la Ligue.

Il s'est rendu à leur appel le 21 septembre 1902 et devant une assistance très nombreuse, exclusivement composée de parents d'élèves des écoles libres, il a prononcé le discours qui suit.